W9-CSN-712

Vida sana

Verduras

por Vanessa Black

Bullfrog Books

Ideas para padres y maestros

Bullfrog Books permite a los niños practicar la lectura de texto informacional desde el nivel principiante. Repeticiones, palabras conocidas y descripciones en las imágenes ayudan a los lectores principiantes.

Antes de leer

- Hablen acerca de las fotografías. ¿Qué representan para ellos?

- Consulten juntos el glosario de fotografías. Lean las palabras y hablen de ellas.

Durante la lectura

- Hojeen a través del libro y observen las fotografías. Deje que el niño haga preguntas. Muestre las descripciones en las imágenes.

- Lea el libro al niño, o deje que él o ella lo lea independientemente.

Después de leer

- Anime a que el niño piense más. Pregúntele: ¿Cuántas porciones de verduras crees que comes al día? ¿Cuál es tu verdura favorita?

Bullfrog Books are published by Jump!
5357 Penn Avenue South
Minneapolis, MN 55419
www.jumplibrary.com

Library of Congress Cataloging-in-Publication Data

Names: Black, Vanessa, 1973– author.
Title: Verduras / por Vanessa Black.
Other titles: Vegetables. Spanish
Description: Minneapolis, MN: Jump!, Inc., [2017]
Series: Vida sana
"Bullfrog Books are published by Jump!"
Audience: Ages 5–8. | Audience: K to grade 3.
Includes bibliographical references and index.
Identifiers: LCCN 2016042868 (print)
LCCN 2016045526 (ebook)
ISBN 9781620316528 (hardcover : alk. paper)
ISBN 9781620316597 (pbk.)
ISBN 9781624965364 (ebook)
Subjects: LCSH: Vegetables in human nutrition—Juvenile literature.
Vegetables—Juvenile literature.
Nutrition—Juvenile literature.
Health—Juvenile literature.
Classification: LCC QP144.V44 B5318 2017 (print)
LCC QP144.V44 (ebook) | DDC 613.2—dc23
LC record available at https://lccn.loc.gov/2016042868

Editor: Jenny Fretland VanVoorst
Book Designer: Molly Ballanger
Photo Researcher: Molly Ballanger
Translator: RAM Translations

Photo Credits: All photos by Shutterstock except: age fotostock, 16–17, 23tl; iStock, 10–11; Niloo/Shutterstock.com, 23bl; Thinkstock, 8, 20–21.

Printed in the United States of America at Corporate Graphics in North Mankato, Minnesota.

Tabla de contenido

De colores

Tim está en el mercado.

¡Asombroso!

Mira todas las verduras.

Mira todos los colores.

5

Rojas. Verdes. Blancas.
Moradas. Anaranjadas.

Cómelas todas.

¡Mira! Kira
come zanahorias.

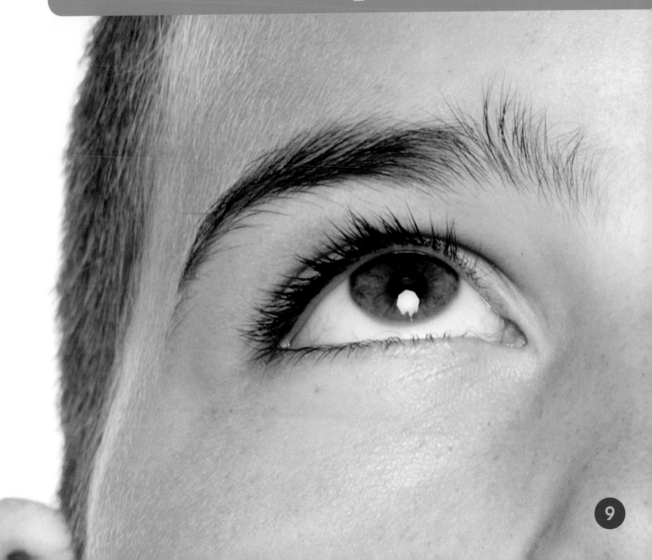

Contienen vitamina A, la cual es buena para los ojos.

espinacas

10

Rima come espinacas.
Contienen hierro,
el cual es bueno
para la sangre.

Zoe come
brócoli.

Contiene vitamina C,
la cual es buena
para la piel.

13

batata

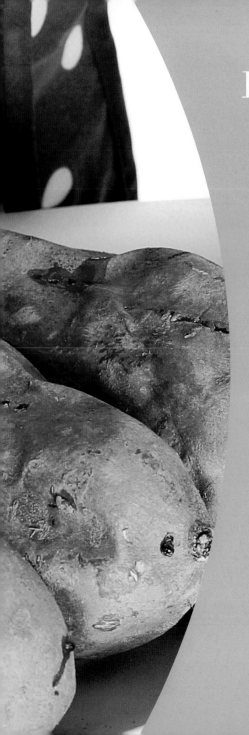

Pia come batata.

Contiene vitamina D,
la cual es buena
para los huesos.

acelgas

¡Mira! Eva come acelgas.

Contienen vitamina K,
la cual es buena
para el corazón.

Mo prepara una ensalada.

Ella corta.

Ella pica.

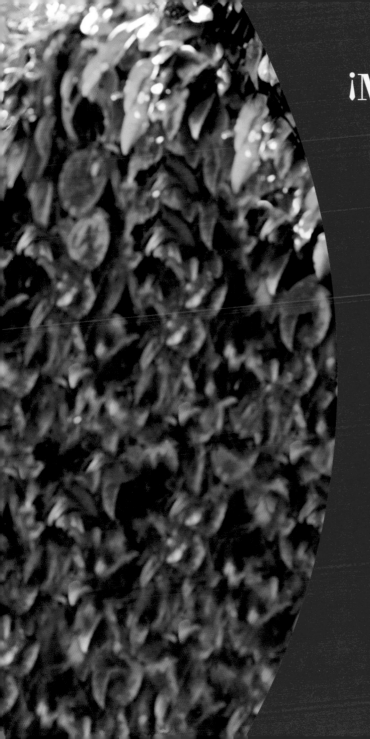

¡Mmm!

¡Las verduras
son sabrosas!

Tu porción diaria de verduras

Necesitas al menos tres porciones de verduras al día.

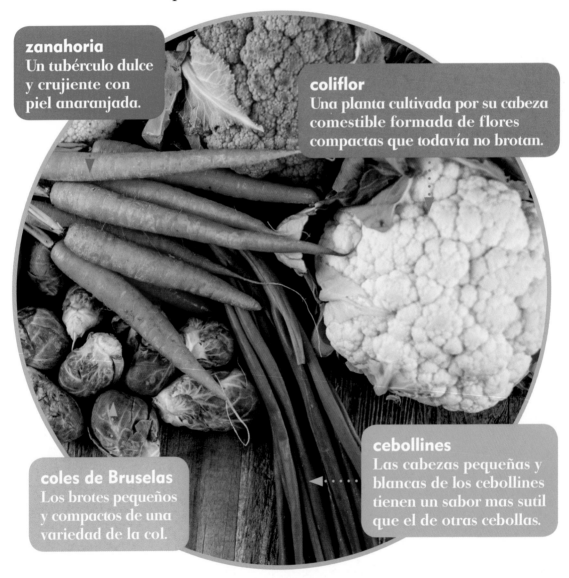

zanahoria
Un tubérculo dulce y crujiente con piel anaranjada.

coliflor
Una planta cultivada por su cabeza comestible formada de flores compactas que todavía no brotan.

coles de Bruselas
Los brotes pequeños y compactos de una variedad de la col.

cebollines
Las cabezas pequeñas y blancas de los cebollines tienen un sabor mas sutil que el de otras cebollas.

Glosario con fotografías

acelgas
Verdura con hojas largas y frondosas con tallos coloridos.

hierro
Metal que tu cuerpo necesita para mantenerse sano.

batata
Raíz dulce compuesta de almidón, cuya planta produce una enredadera que florece.

mercado
Lugar donde se compran alimentos.

ensalada
Mezcla de verduras que usualmente se come fría.

vitaminas
Substancias en alimentos que las personas necesitan para mantenerse sanas.

Índice

Para aprender más

Aprender más es tan fácil como 1, 2, 3.

1) Visite www.factsurfer.com

2) Escriba "verduras" en la caja de búsqueda.

3) Haga clic en el botón "Surf" para obtener una lista de sitios web.

Con factsurfer.com, más información está a solo un clic de distancia.